DNA DesignStudio 정품 인증 마크

DNA DesignStudio에서 디자인/제작한 제품이란 것을 인증하는 마크입니다. 오리지널 마크로 유사 상품과는 다른 차별성을 지니고 있습니다.
이 로고를 확인하여 DNA DesignStudio에서 제작한 정품임을 확인해 주세요.

저자 소개

DNA디자인스튜디오

DNA디자인스튜디오는 '세상에 없던 유니크한 즐거움~!!'을 모토로 모두가 즐거워할 수 있는 콘텐츠를 기획하고 디자인합니다.
디자인의 긍정적인 기능으로 인해 많은 사람들이 삶에 가치를 더하기를 기대합니다.

독창적인 디자인 스타일을 기반으로 새로운 시도에 앞장서며 브랜딩, 콘텐츠 개발, 상품 개발, 출판 등 다양한 분야의 콘텐츠 개발 프로젝트를 진행하고 있습니다.
특히, 데코폴리 브랜드는 폴리곤아트를 이용한 상품군으로 다양한 각면이 빛의 방향과 색에 따라 오묘하게 달라지는 느낌을 표현하여 다양한 제품과 콘텐츠에 담고 있습니다. 인테리어 소품으로 많이 사용되며, 나의 공간을 보다 감각적이고 센스 넘치는 공간으로 재탄생 시켜 줄 것입니다.

이 책을 읽기 전

스티커 컬러링 북을 소개합니다.

DNA디자인스튜디오는 '세상에 없던 유니크한 즐거움'을 모토로 개발자와 고객 모두 즐거울 수 있는 제품을 개발하고 있습니다. 어떤 요소가 소비자로 하여금 즐거움을 이끌어낼 수 있을까 고민하다가 '스티커 컬러링 북'이라는 아이템을 개발하게 되었습니다.

바쁜 일상에 지쳐 훌쩍 여행을 떠나고 싶을 때가 있나요? 스티커 컬러링 북을 체험하며 사사로운 감정과 생각에서 멀어져 아트의 세계로 빠져보세요. 풀, 가위, 칼과 같은 별도의 준비물이 필요 없어 책 한 권만 있으면 언제 어디서든 힐링을 즐길 수 있으며 금세 여행을 떠난 듯 휴식을 취할 수 있습니다.

이런 분들에게 추천해요!

어린이 / 청소년
스티커를 떼었다 붙였다 하며 손가락을 움직이기 때문에 소근육을 자극해 **두뇌향상**에 도움이 되며 성장기 아이들에게 추천합니다.

초·중 교육기관, 청소년수련관, 아동복지센터에서 교구/체험활동/선물로 많이 사용됩니다.

성인
일상에 지쳐 힐링 아이템을 찾고 있는 **직장인**, 친구와 공유할 취미를 찾고 있는 **대학생**, 애인과 함께 추억할 아이템을 찾고 있는 분, 집에서도 즐거운 집순이 집돌이, 아이와 함께할 놀이를 찾고 있는 **부모님**, 태교 선물 등 **취미, 힐링템**을 찾고 있는 분들에게 추천합니다.

노인
퍼즐 맞추기, 같은 숫자 찾기, 색감 맞추기 등 **치매예방**에 좋은 활동이 **책 한 권**에 들어있어 시니어 분들에게 추천합니다.

노인복지회관, 건강증진센터, 요양병원, 보건기관에서 많이 사용됩니다.

이렇게 활용해봐요!

내 손으로 직접 완성한 작품은 인테리어 소품으로 활용할 수 있으며 공간을 더욱 화사하게 만들어 줍니다.
조각조각 스티커를 붙이며 아트에 생기를 불어넣고 나의 일상에도 행복을 채워보세요.

#스티커컬러링북 #취미 #힐링 #베스트셀러 #책추천 #교구 #취미 #힐링 #아트테라피
#컬러테라피 #집콕놀이 #집순이 #집돌이 #선물 #태교선물 #치매예방 #DIY

같이 사용하면 좋아요!

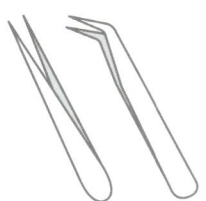

핀셋
손으로 붙여도 큰 어려움 없이
붙일 수 있지만 핀셋을 사용하면
더 쉽고 정교하게 붙일 수 있어요.

액자
액자를 사용하면 안전하고 깨끗하게
더 오래 보관할 수 있어요.

CONTENTS

01 **Lavender** 라벤더
02 **Peony root** 작약
03 **Carnation** 카네이션
04 **Tulip** 튤립
05 **Bigleaf hydrangea** 수국
06 **Sunflower** 해바라기
07 **Daisy** 데이지
08 **Rose** 장미
09 **Freesia** 프리지아
10 **Lisianthus** 리시안셔스
11 **Ranunculus** 라넌큘러스
12 **Cosmos** 코스모스

CONTENTS

손끝에서 화려하게 피어나는 스티커 컬러링의 세계, 사람들에게 많은 사랑을 받아온 꽃 12종류를 선별하여 폴리곤 아트로 담아냈습니다. 마음에 드는 꽃을 골라 순서에 맞춰 스티커를 붙여보세요.

01 Lavender 라벤더
72 pcs
라벤더의 향기는 스트레스를 완화시키는 효과가 있어 향수, 향초, 오일 등에 사용됩니다.
꽃말 : 정절 / 대답해 주세요

02 Peony root 작약
84 pcs
꽃이 크고 탐스러워 함박꽃이라고 불립니다. 꽃에 수줍음 요정이 숨어살아 빨갛게 물들었다는 영국 전설이 있습니다. 꽃말 : 수줍음

03 Carnation 카네이션
81 pcs
어버이날의 상징적인 꽃으로, 1910년 미국의 한 여성에 의해 어머니에 대한 사랑을 상징하게 되었습니다. 꽃말 : 모정 / 부인의 애정

04 Tulip 튤립
74 pcs
네덜란드의 상징으로 불리고 있으나, 터키가 원산지이며 터번을 의미하는 튈벤드에서 이름이 유래되었습니다. 꽃말 : 사랑의 고백

05 Bigleaf hydrangea 수국
86 pcs
수국은 알칼리성일 때는 붉은색으로 토양이 산성일 땐 청색의 꽃이 핍니다.
꽃말 : 냉담 / 변덕 / 거만 / 진심

06 Sunflower 해바라기
101 pcs
8월에 개화하는 대표적인 여름 꽃입니다. 햇볕에 따라 방향을 바꿔 해바라기라고 불립니다.
꽃말 : 당신만을 바라봅니다.

07 Daisy 데이지
87 pcs
노란 수술과 하얀 꽃잎을 가지고 있어 계란 꽃, 계란 프라이 꽃으로 많이 불립니다.
꽃말 : 희망 / 평화 / 순수한 마음

08 Rose 장미
91 pcs
5월의 개화를 시작으로 화려하고 풍성한 잎을 펼쳐냅니다. 5월의 여왕이라 불립니다.
꽃말 : 낭만적인 사랑 / 아름다움

09 Freesia 프리지아
71 pcs
레몬 향기가 나는 노란색의 밝은 꽃입니다. 시작의 꽃말을 가지고 있어 졸업식과 입학식에 많이 선물합니다. 꽃말 : 새로운 시작 / 당신의 앞날

10 Lisianthus 리시안셔스

리시안셔스는 장미만큼 널리 사용되는 꽃으로
부케나 꽃다발에 자주 사용됩니다.
꽃말 : 변치 않는 사랑

11 Ranunculus 라넌큘러스

개구리 왕자의 설화처럼 약하고 볼품없는
줄기에서 화려한 꽃이 피어난다는 의미를
가지고 있습니다. 이름도 개구리를 뜻하는
라틴어 라이나에서 유래되었습니다.
꽃말 : 매력, 매혹, 비난하다

12 Cosmos 코스모스

6~10월 들판에서 쉽게 만나볼 수 있는
야생 꽃으로, 꽃잎의 끝이 톱니바퀴 모양으로
갈라져 있습니다. 꽃말 : 순정

스티커를 붙일 때마다 터트리는 꽃망울, 손끝에서 피어나는 꽃

조각조각 아름답게 피어나는 스티커 컬러링 북 플라워!
화려한 자태, 보는 즐거움, 꽃이 주는 의미와 아름다움이
폴리곤 아트로 탄생했습니다.

심신의 안정을 주는 보랏빛 라벤더부터 꽃의 여왕이라 불리는 붉은
장미까지, 꽃이 주는 다채로운 색감을 붙여나가 보세요.
순서대로 붙여나가다 보면 어느새 화려한 꽃들이 완성됩니다.

채색 후 인테리어 소품으로 사용 가능한 높은 활용도까지!
눈으로 즐기고 손으로 힐링하는 스티커 컬러링 북 플라워를 만나보세요!

간편하게 즐길 수 있는 방법

01 작품 선택
12개의 아트웍 중 원하는 그림을 고릅니다. 아트웍 시트마다
스티커 조각 수가 달라 처음에는 스티커 조각이 적은 순으로
시작하면 좋습니다.

02 스티커 찾기
아트웍과 같은 스티커를 찾아 떼어 낸 다음 같은 번호끼리 차례로 붙여줍니다.
스티커를 붙일 때 중앙에 맞게 붙이면 더욱 깔끔한 작품이 완성됩니다.

03 작품 완성시키기
12가지의 완성된 작품은 인테리어 장식 포스터로 활용이 가능합니다.
예쁘게 장식해 보세요!

Lavender | 라벤더

Peony root | 작약

Carnation | 카네이션

Tulip | 튤립

Bigleaf hydrangea | 수국

Sunflower | 해바라기

Daisy | 데이지

Rose | 장미

Freesia | 프리지아

Lisianthus | 리시안셔스

Ranunculus | 라넌큘러스

스티커 컬러링 북
Sticker Coloring Book
Famous Painting Polygon Artwork

명화2

데코폴리 스티커 컬러링 북과 함께 해요

휴식과 힐링을 원하는 당신에게 드리는 작은 선물!

로우 폴리곤 아트를 활용한 다채로운 이미지를 통해 조각조각 입체적인 세상을 만나볼 수 있습니다. 각 12개의 아트웍으로 구성되어 있으며, 도안에 적힌 번호 순서대로 스티커를 붙여나가다 보면 어느덧 멋진 나만의 예술작품이 완성됩니다.

DNA디자인스튜디오의 '데코폴리 스티커 컬러링 북 시리즈' 를 통해 일상에 새로운 재미를 선물해보세요!

#컬러테라피 #안티스트레스 #스티커 #컬러링북 #세계명화 #고전미술 #민화

*스티커 컬러링 북 신규 서적 '명화2'

데코폴리 스티커 컬러링 북 시리즈

새 / 동물 / 바다 생물 / 조선 왕실 / 제주 풍경 / 제주 랜드마크 / 강아지 / 고양이

       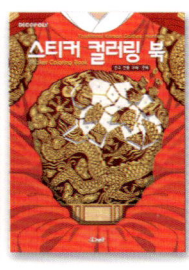

공룡 / 우주 / 플라워 / 세계랜드마크 / 곤충 / 광주 풍경 / 전설의 동물 / 한국 전통 의복 : 한복

 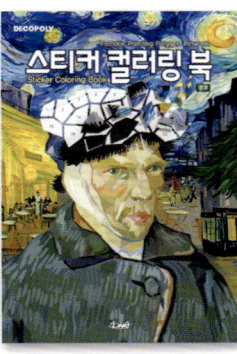    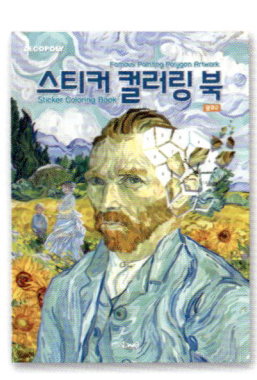

세계 풍경 / 명화 / 동물2 / 꽃과 소녀 / 세계랜드마크2 / 명화2

DNA디자인스튜디오의 데코폴리 스티커 컬러링 북이 다양한 시리즈로 출시될 예정이니 앞으로도 많은 관심 부탁드립니다.

손끝에서 피어나는 꽃망울, 스티커 컬러링 북 플라워

데코폴리 스티커 컬러링 북, 이렇게 활용해요!

나의 공간을 화려하게 만들어 줄 '데코폴리 스티커 컬러링 북'
1. 도안에 적힌 순서대로 스티커를 붙여 그림을 완성시켜줍니다.
2. 멋진 예술 작품이 된 그림을 잘라 원하는 곳에 붙여주거나, 액자에 넣어 벽면에 걸어주세요.
3. 나의 방, 거실, 카페 등 전시했을 경우 아름다움은 두 배가 됩니다.